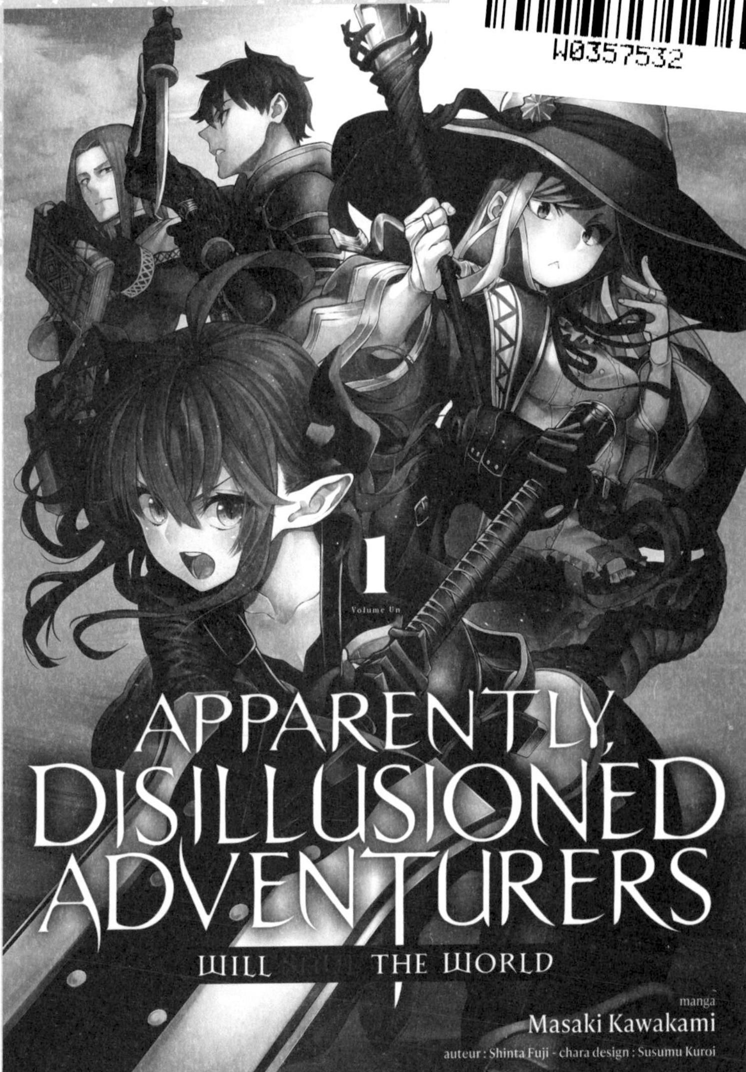
1
Volume Un
APPARENTLY,
DISILLUSIONED
ADVENTURERS
WILL
THE WORLD
manga
Masaki Kawakami
auteur : Shinta Fuji - chara design : Susumu Kuroi

EGREGOR

Le Souffle de la Foi

EGREGOR - TOME 1 • FIN

Ça ne sera pas facile, surtout au début, mais j'ai foi en chacun d'entre vous.

Enfin, en ce qui concerne Raust, il va devenir un Faucheur, tout comme moi.
Ça ne lui plaira pas, mais je pourrai ainsi lui apprendre à maîtriser ses pouvoirs.

Là-bas se trouve la personne la plus à même de veiller sur lui.

Tu pourras
y parfaire tes capacités
en archerie.

Foa, quant à lui,
va suivre la formation
du "*Rempart du Salut*".

Toi, Pilin, tu vas intégrer "l'École de l'Acuité".
Tu y seras éclairé de nombreux secrets.

Toi, Hatal, tu vas rejoindre "la Guilde de l'Arcane".
... et il existe plusieurs institutions qui correspondent à vos profils respectifs.

Chacun d'entre vous a des compétences qui lui sont propres...

NOUS DEVONS NOUS HÂTER AVANT QUE LES RAMASSEURS NE VIENNENT RÉCUPÉRER LES CORPS !
VOUS TUEZ DES CENTAINES D'INNOCENTS JUSTE POUR RAPPORTER DES INFORMATIONS ?!
IL N'Y A PLUS LE TEMPS POUR ÇA !
NOUS ALLONS ENTERRER TOUT LE MONDE POUR LES EN EMPÊCHER...
VOUS ALLEZ M'ÉCOUTER ATTENTIVEMENT.
MAIS NOUS NE POUVONS PAS-

MAIS POURQUOI EST-CE QUE VOUS AVEZ REJOINT LES FAUCHEURS ?!
ET VOUS OSEZ NOUS DEMANDER DE VOUS FAIRE CONFIANCE ?!
C'EST UNE LONGUE HISTOIRE...
JE ME SUIS INFILTRÉE POUR... RAPPORTER DES INFOR-MATIONS.

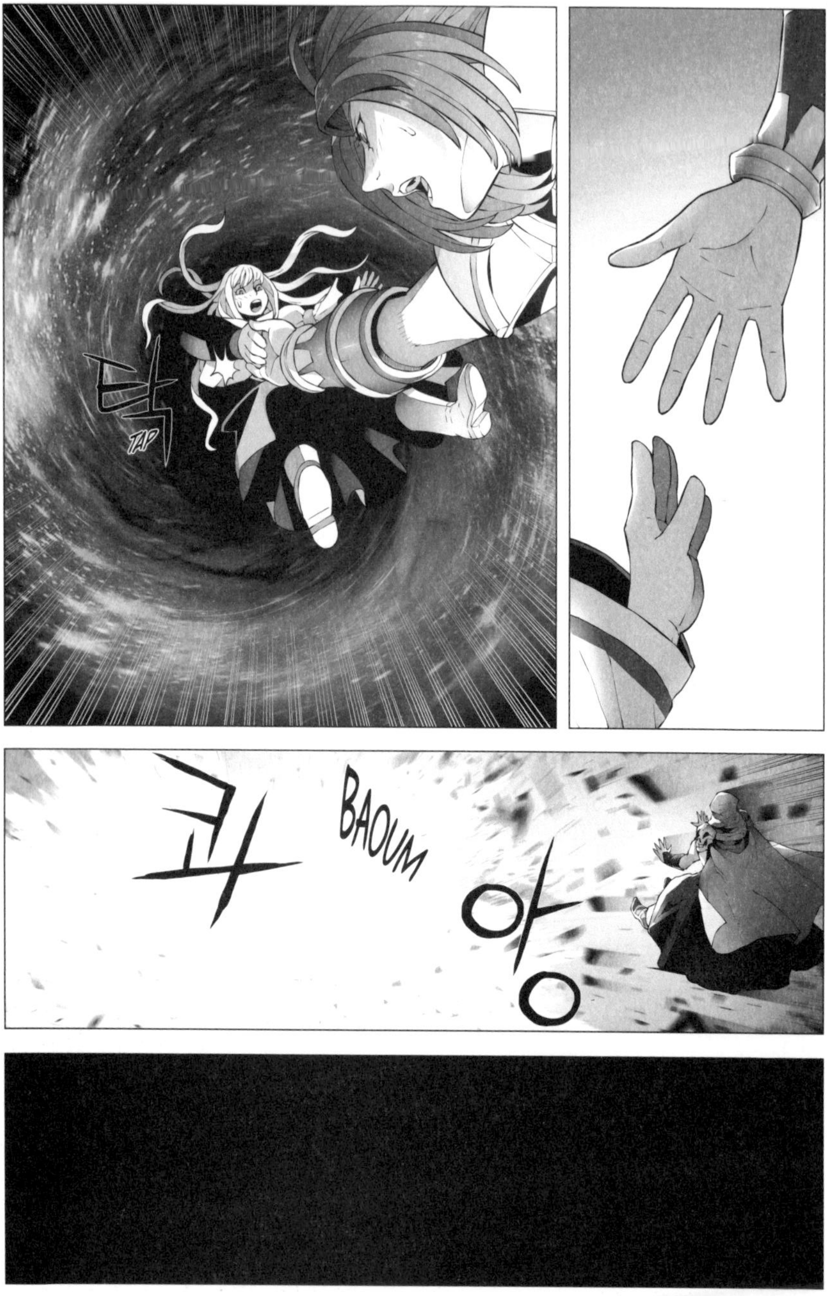
탁
TAP
콰앙
BAOUM

FUIIT
WOOSH
FIUUUUU
NAVI !!

퓨슉
FWITT
GHHH !
IL S'EST SPATIOPORTÉ !
화악
SHOUOO
파앗
ZWAP
LÀ-HAUT !

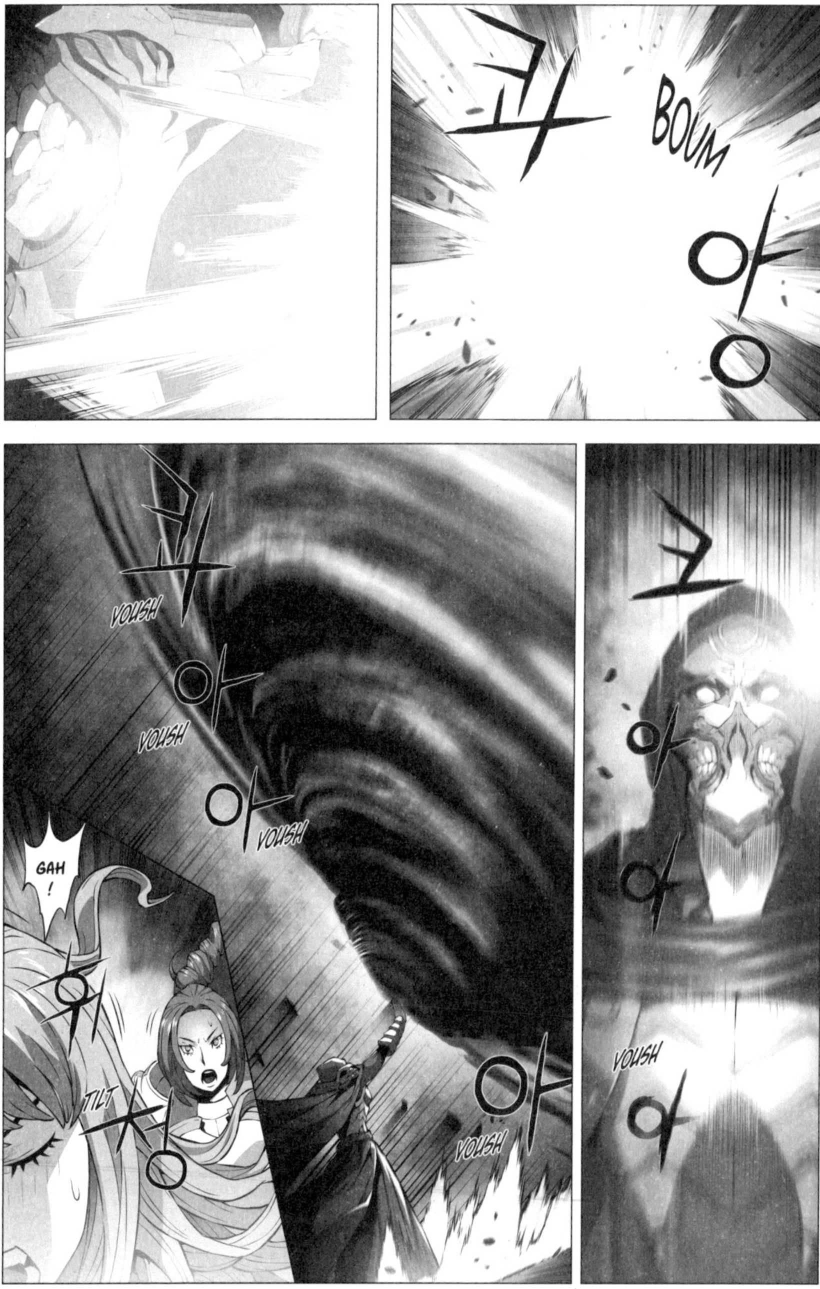
BOUM
VOUSH
VOUSH
VOUSH
GAH !
TILT
VOUSH
VOUSH

FLUSHH
VOUSH
VOUSH
VOUSH
FLUSHH

BLITZ
BLITZ
FLUSHH

BLITZ
BLITZ
BLITZ
Jeune souveraine... Vous aussi, à présent, êtes en âge de procréer.
FLUSHHH
ET TOI, TU ES EN ÂGE DE CREVER !

!!
BOUM
ALORS TU ES VENUE !
FSHHHH
?!
SCRIII

KHOUUU
CE JOUR-LÀ, IL Y A VINGT-SIX ANS, TU M'AS POURCHASSÉE ICI MÊME...
FLUSH
POURQUOI ?!
FLAASH

HATAL

ÂGE : 16 ANS
TAILLE : 173 CM
POIDS : 66 KG
STATUT : CHASSEUR

MULIKA

ÂGE : 43 ANS
TAILLE : 175 CM
POIDS : 52 KG
STATUT : DOCTORESSE

FLAP
FLAP
Vous allez devoir me faire confiance.
ZZT
FUSH

FLUSH

NON !
하아
HAF
하아
HAF
MULIKA !!
탁
TAP
탁
TAP

Pas encore.
Les capitales sont
trop fructueuses
pour être visées
en ce jour.
« ENCORE » ?
NON, IL N'Y AURA
PAS D'« ENCORE »...

VENGEZ-NOUS, MADAME HEARTWOOD...
RÉCUPÉREZ FOA ET RAUST, PUIS PARTEZ.
AINSI, TU ES UN RAMASSEUR... ÇA NE ME SURPREND PAS TELLEMENT.
ZZZT
MAIS POURQUOI NE PAS M'AVOIR VISÉE DIRECTEMENT, SI J'ÉTAIS LA CIBLE ?

SHOHOOO
DANG
MADAME HEARTWOOD !!

KHE KHE
SPLASH
번쩍
BRAOUM

우우웅
WOOOO
VOUSH
후라라
쿠와아아
SHOUOOO

WOOOO
FHUOOOO
BOM

ON EST FICHUS !
KHZ KHZ
TAP
WOUSH
BOM
NE LES TOUCHEZ PAS !!!

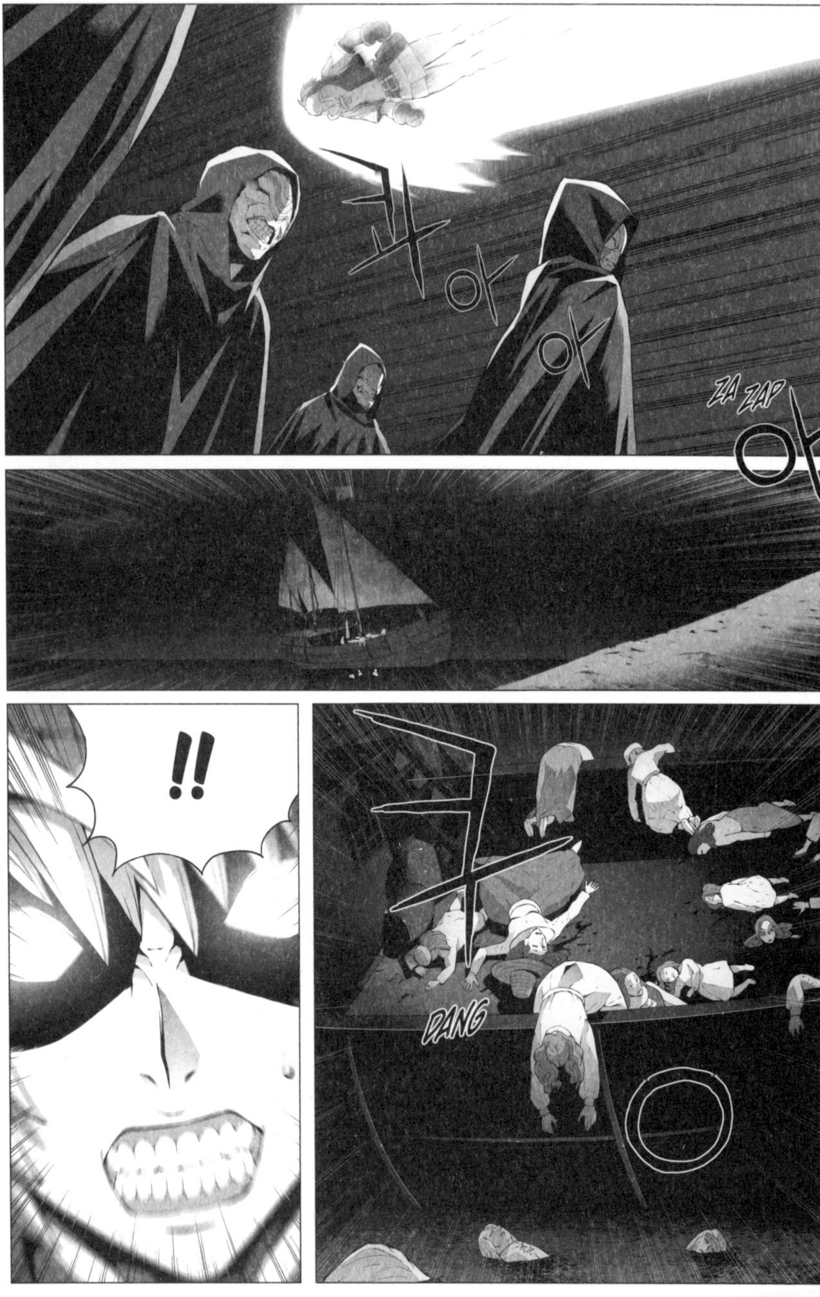
ZA ZAP
!!
DANG

Attends, Foa ! Ce n'est pas ce que tu crois, je suis-
BLITZ
FLIP FLIP

슈우우
SHOUOOO
펄썩
BAM
휙
HWIT
멈칫
TILT
ZAASHH

SPLIT
TCHAK
Je ne l'ai même pas vu se déplacer !
Ce n'est que de la poudre aux yeux !
WUSH
KRAHH
BA BOUM

Nous avons récolté suffisamment d'Âmes.
ZA
ZAP
Seigneur Zephyr sera pleinement satisfait.
!!
VIISH
FLASH

Espérons maintenant qu'elle morde à l'hameçon ...
SCRR
SCRR
Fenrir, Zabius, nous avons accompli notre tâche. Partons.
Je suis bien tenté de voir ce que vaut l'un d'entre eux...
PSHHH
Tu n'as pas envie de te mesurer à lui, Alkonost ?

F-FOA ?
COMMENT EST-CE QUE TU...
C'était donc lui, le rejeton...
FLUSSHH
SHOUOOO

!!
BAOUM
PSHHH

Tous aussi surprenants les uns que les autres ! Mais je crains que ça ne suffise pas...
TONK
PAK
FWW
FWW
FWW
FWW
CE MONSTRE EST INDESTRUCTIBLE...

Oh... Décidément, on va de surprise en surprise...
TCHONG
TCHONG
TCHONG
TCHAC
FHHHHH
PRENDS-TOI ÇA !

척
TAP
BADABOUM
터엉
터엉
FZ FZ FZ
부르르
GNN
FZ
VOUIT

KRAAHHH
WOOSH
BAM
TAP

BAM
Ça alors ! Voilà l'un de tes frères, Fenrir ! Ça ne court pas les rues...
KHUOOO
Intéressant... Il faut que je fasse sa connaissance !
CRAC

SHH
SHH
SHH
JE NE VOUS PARDONNERAI JAMAIS !!
KRAAAH
KRAAAH
PSHHH

JE... !
JE NE VOUS... !
RAHH
RAHH
RAHH

!!
으드득
GRRR
욱
BEURK
부르르
BRRR

SHH
SHH
SHH

TA
DAN

J'AURAIS BIEN DES CHOSES À VOUS RÉVÉLER À TOUS LES DEUX, MAIS JE NE SUIS PAS LE MIEUX PLACÉ POUR ÇA...
ILS APPRENDRONT CE QU'ILS ONT À SAVOIR LORSQUE LE MOMENT SERA VENU...
POUR LE MEILLEUR ET POUR LE PIRE...
SHOOOWW

TAP
PAPA ?
SORTONS DU BROUILLARD !
ZAP
JE T'AIME, MON FILS.
HMM
TU SAIS QUE J'AIME PAS ÊTRE SOLENNEL, P'TIT GARS, MAIS SI TU SURVIS, JE COMPTE SUR TOI POUR PRENDRE SOIN DE MA P'TITE FAMILLE.
BON, IL FAUT QU'ON TROUVE LES AUTRES.
HWIT
SI LES FAUX SONT ENCORE LÀ, IL VAUT MIEUX RESTER PRUDENT !

HÉ ! TOUT LE MONDE ! N'AYEZ AUCUNE CRAINTE, LES FEMMES ET LES ENFANTS SONT SUR LE BATEAU !
S'IL A ENVIE DE SE BATTRE POUR LE VILLAGE, ON VA PAS L'EN EMPÊCHER !
COURAGEUX, MAIS INCONSCIENT ! LA FOUGUE DE LA JEUNESSE...
BLA
BLA
HATAL, J'TE REMERCIE POUR SEIDEL, MAIS TU RISQUES TA VIE EN REVENANT ICI...
MERCI POUR MES P'TITES BÉCASSES ! T'ES SACRÉMENT COURAGEUX !
NON, CERTAINEMENT PAS ! C'EST SON VILLAGE AUTANT QUE LE NÔTRE !
MONSIEUR STEIN...

NON, DITES-MOI QUE JE RÊVE…
VOUS N'ÊTES PAS ICI, VOUS ÊTES EN MER…
PAPA !
ONCLE ROBLE !
C'ÉTAIT PAS CE QUE TU VOULAIS, ROBLE ? QUE TON FILS « *PRENNE LES ARMES* » ?
FLUSH
MAÎTRE DARBIN !
SHHH
PSHHH
J'SUIS PAS TRÈS JOUASSE DE TE VOIR ICI, P'TIT GARS, MAIS J'IMAGINE QUE MA FILTA ET MES P'TITES ÉTINCELLES SONT EN SÉCURITÉ…
OUI, NE VOUS INQUIÉTEZ PAS, MAÎTRE ! ELLES ONT EMBARQUÉ TOUTES LES TROIS !

PSHHH
VOUS AVEZ RÉUSSI À LES REPOUSSER ?!
P-PILIN... NON, C'EST PAS POSSIBLE... QU'EST-CE QUE TU...
PAPA !
PILIN, TU DOIS REPARTIR IMMÉDIATEMENT !
TCHAC
COMMENT ÇA ?! TU VEUX DIRE QU'ILS SONT ENCORE LÀ ?!
POURQUOI TU ES REVENU ?!
HORS DE QUESTION DE VOUS ABANDONNER !

SHOUUU
ON DIRAIT DE LA VAPEUR DE SANG !
C'EST QUOI CE BROUILLARD, TOUT À COUP ?!
FWIHHH
C'EST PAS ÇA QUI VA NOUS FAIRE RECULER !
FWIHHH
SÛREMENT UN SALE COUP DES FAUCHEURS !
HWIT
HWIT

Chapitre 4
La Moisson nocturne

LA FAMILLE AKMON
DARBIN AKMON
ÂGE : 42 ANS
TAILLE : 182 CM
POIDS : 95 KG
STATUT : FORGERON
FILTA AKMON
ÂGE : 40 ANS
TAILLE : 164 CM
POIDS : 48 KG
STATUT : COUTURIÈRE
FAVILLA AKMON
La benjamine
FARA AKMON
L'aînée
FAROLA AKMON
La cadette

RALENTISSEZ LE PAS, VOUS DEUX !
ON Y EST PRESQUE !
HAF
TAP
TAP
TAP
WOOO
... LOURD...
SI JE M'ATTENDAIS À ÇA, TIENS ! C'EST QU'IL A DE L'ASSURANCE À REVENDRE, LE P'TIT FORGERON !
POUR UNE PREMIÈRE PARTIE DE CHASSE, TU T'ATTAQUES À DU...

NON, TU N'Y PENSES PAS ?!
PARS PAS ! RESTE AVEC NOUS !
ALLEZ, MONTE AVEC NOUS, FOA !
MADAME AKMON, JE VAIS ME BATTRE AUX CÔTÉS DE MAÎTRE DARBIN ET NOUS REVIEN-DRONS SAINS ET SAUFS, JE VOUS EN FAIS LA PROMESSE !
ALLONS-Y, PILIN !
OUVRE LA VOIE, J'TE SUIS !

NAVIGUEZ LE LONG DE LA CÔTE JUSQU'À CROISER UN PORT ! JE REVIENDRAI, MULIKA ! JE TE LE PROMETS !
탁
FLOC
탁
FLOC
탁
FLOC
FLOC
C'EST PLUS FORT QUE TOI... TU NE PEUX PAS T'EMPÊCHER D'AFFRONTER TON PASSÉ...
ATTENDS, HATAL ! TU VAS PAS T'Y METTRE, TOI AUSSI ?!
AAHHH !
BORDEL... QU'EST-CE QU'ON FAIT MAINTENANT, FOA ?
C'EST PAS CROYABLE ! ILS SONT TIMBRÉS, CEUX-LÀ !
BRRR

TU ÉTAIS IMPUISSANT À CETTE ÉPOQUE, MAIS À PRÉSENT, TU ES FORT ! ALORS BATS-TOI !
ARRÊTE ÇA, RAUST !
MOI, JE VAIS PAS ME FAIRE PRIER POUR LES DÉCHIQUETER !
PLOUF
PLOUF
PFFF...
IL EST VRAIMENT INCORRIGIBLE...

ME RETIENS PAS, HATAL ! JE PEUX PAS ME RÉSOUDRE À PARTIR SANS ME BATTRE !
화악
RAAHH
HÉ !
OÙ TU VAS, RAUST ?!
첨벙
PLOUF
AU MOINS UNE FOIS DANS TA VIE, CESSE D'ÊTRE IMPULSIF ET ESSAIE DE GARDER LA TÊTE FROIDE !
버럭
GNNN
...
« GARDER LA TÊTE FROIDE »...?!
TOI QUI AS VU TES PARENTS SE FAIRE MASSACRER PAR LES PIRATES DE DRAUGHOTH, COMMENT TU PEUX TENIR CE GENRE DE DISCOURS ALORS QUE TON NOUVEAU FOYER EST EN TRAIN DE SE FAIRE ATTAQUER ?

HA ! CE SERAIT UNE BALADE DE SANTÉ POUR TANTE KALINA !
ON POURRAIT EN PROFITER POUR APPELER DES RENFORTS ?
OUI, ET PEUT-ÊTRE MÊME PRÉVENIR MA MÈRE...
ATTRAPE MA MAIN, RAUST !
Seidel...
ZASH
QU'EST-CE QUE C'ÉTAIT ?!
AAAAAH !!
BAOUM

ON VA SORTIR DE LA BAIE ET LONGER LA CÔTE D'HURSTLAND VERS LE NORD POUR REJOINDRE UN PORT.
AU FAIT, OÙ EST-CE QU'ON VA ALLER ?
QUE TOUT LE MONDE EMBARQUE DANS LE CALME !

UN « PASSE-TEMPS » ?! TU RABAISSES CET ART QU'EST LA CHASSE EN DISANT ÇA, HATAL !
ET VOILÀ QUE CE RUSTRE SE PREND POUR UN ARTISTE, MAINTENANT !
TU VERRAS, C'EST UN FORMIDABLE PASSE-TEMPS !
VOUS AVEZ PAS MA SENSIBILITÉ, C'EST TOUT !
NOUS Y SOMMES ! ON VA POUVOIR SE METTRE EN SÉCURITÉ !
?!

DÉSOLÉ POUR MES MÉDISANCES, FOA. LE MÉTIER DE FORGERON N'A RIEN DE DÉSHONORANT...
PLK
TIENS, QU'EST-CE QUE JE T'AVAIS DIT ?
J'AIMERAIS BIEN, MAIS JE SUIS TROP FAIBLE POUR-
ZZT
MAIS DE TEMPS EN TEMPS, JE VEUX QUE TU TROQUES TON MARTEAU CONTRE UNE LANCE POUR VENIR CHASSER AVEC NOUS ! C'EST PAS NÉGOCIABLE !
REGARDE-MOI CES BRAS MUSCLÉS QUE T'AS À FORCE DE MARTELER !
JE T'APPRENDRAI LES BASES DE LA CHASSE, FOA !

JE SUIS DÉSOLÉ... JE CROIS QUE...
TAP
TAP
... JE VOULAIS ME PROUVER QUELQUE CHOSE.
ZZT
TU N'AS RIEN À TE PROUVER, HATAL. NOUS SAVONS TOUS À QUEL POINT TU CHÉRIS CE VILLAGE ET SES HABITANTS.
ALORS CESSE DE VOULOIR RATTRAPER UNE ERREUR QUE TU N'AS JAMAIS COMMISE.

NE VOUS FAITES PAS DE SOUCI POUR MAÎTRE DARBIN, MADAME AKMON.
NE PARLE PAS COMME ÇA, FAROLA.
PAPA IL VA LEUR BROYER LA TÊTE AVEC SON MARTEAU !
YAAP
IL A TOUJOURS ÉTÉ UNE VRAIE TÊTE BRÛLÉE...

« Lorsque la dernière vision et la réalité sont séparés par un laps de temps si court qu'il n'est plus possible d'influer sur le cours des choses...
SBOM
HAF
HAF
... "l'Écho du Destin". »
PFFF
SPAK
... cette ultime vision peut alors être appelée...

ZAZAP
WOUSH
PTZ
PTZ
TAP

WOUSH
BONG
FLUSH
DOM

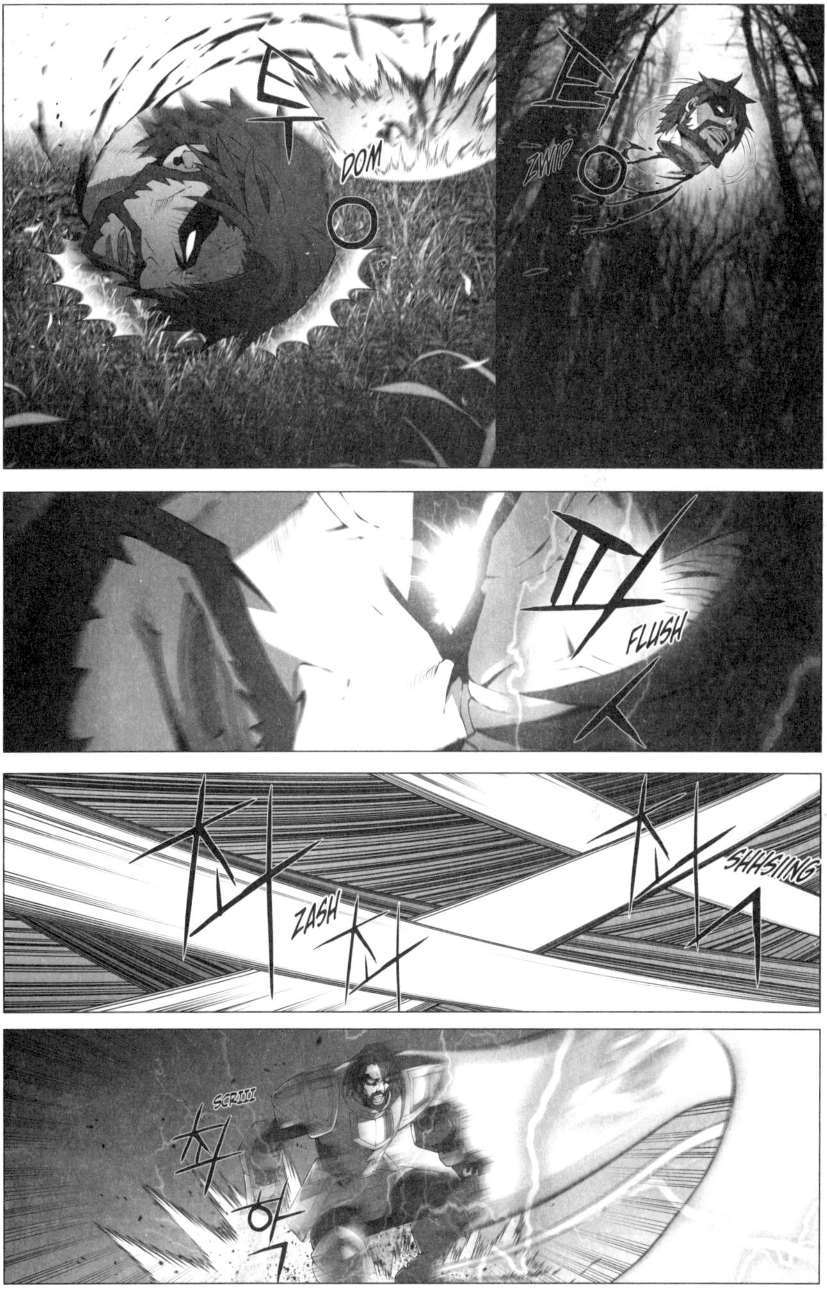
DOM
ZWIP
FLUSH
ZASH
SHHSING
SCRIII

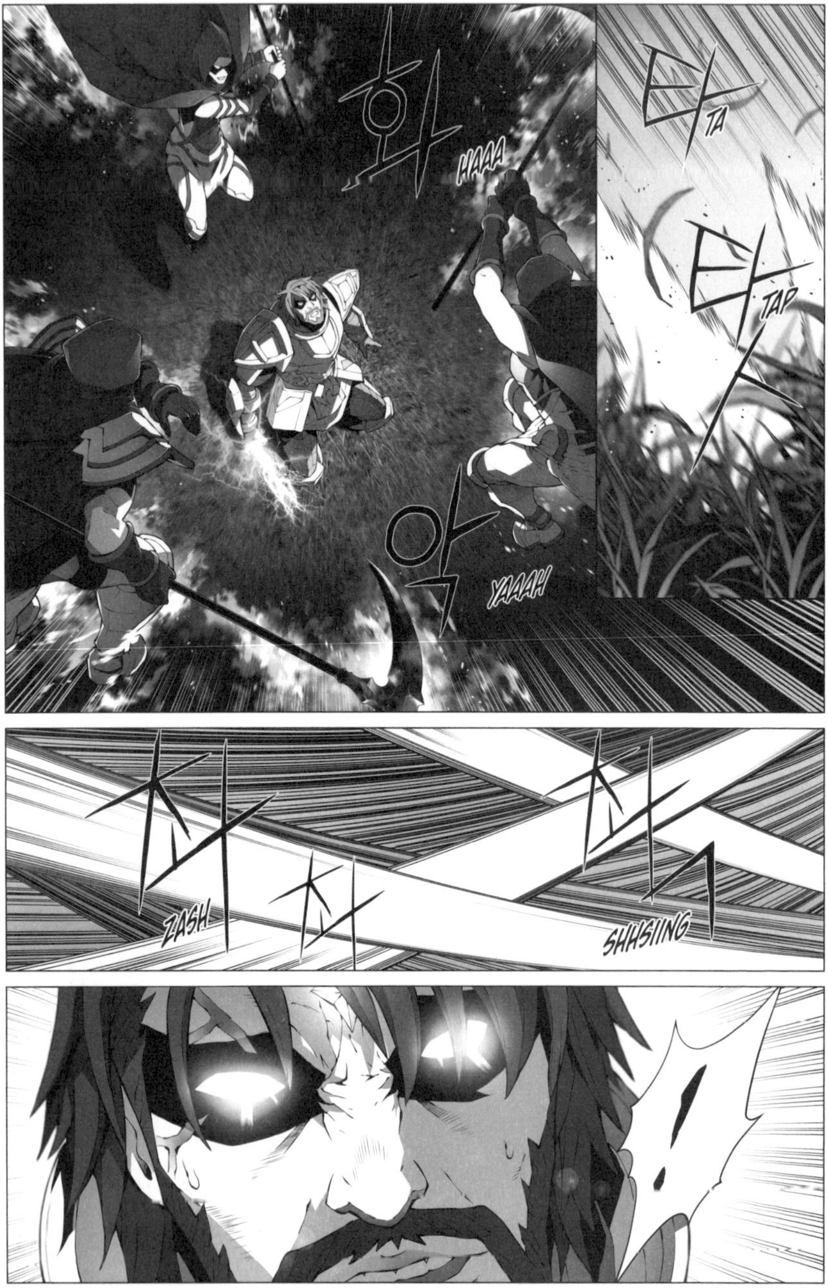

HAAA
YAAAH
TA
TAP
ZASH!
SHHSIING
!

GOOOO

SCRII
SHH
SHH
SHH
헉
HAF
헉
HAF
SHOWOOO
TA TAP

SCHLAK
DOM
FLUSH

TCHA
TCHAC
PTZ
PTZ
PTZ

부르르
BRRR

TZ TZ TZ

BA
DA
BOOM
SHH
SHH
SHH
SHH
STAP
!!
PSHHH
?

WOUSH
!!!
VOUSHH
PSHH
PSHH
SHH
SHH

TAP
TAP
WOUSH

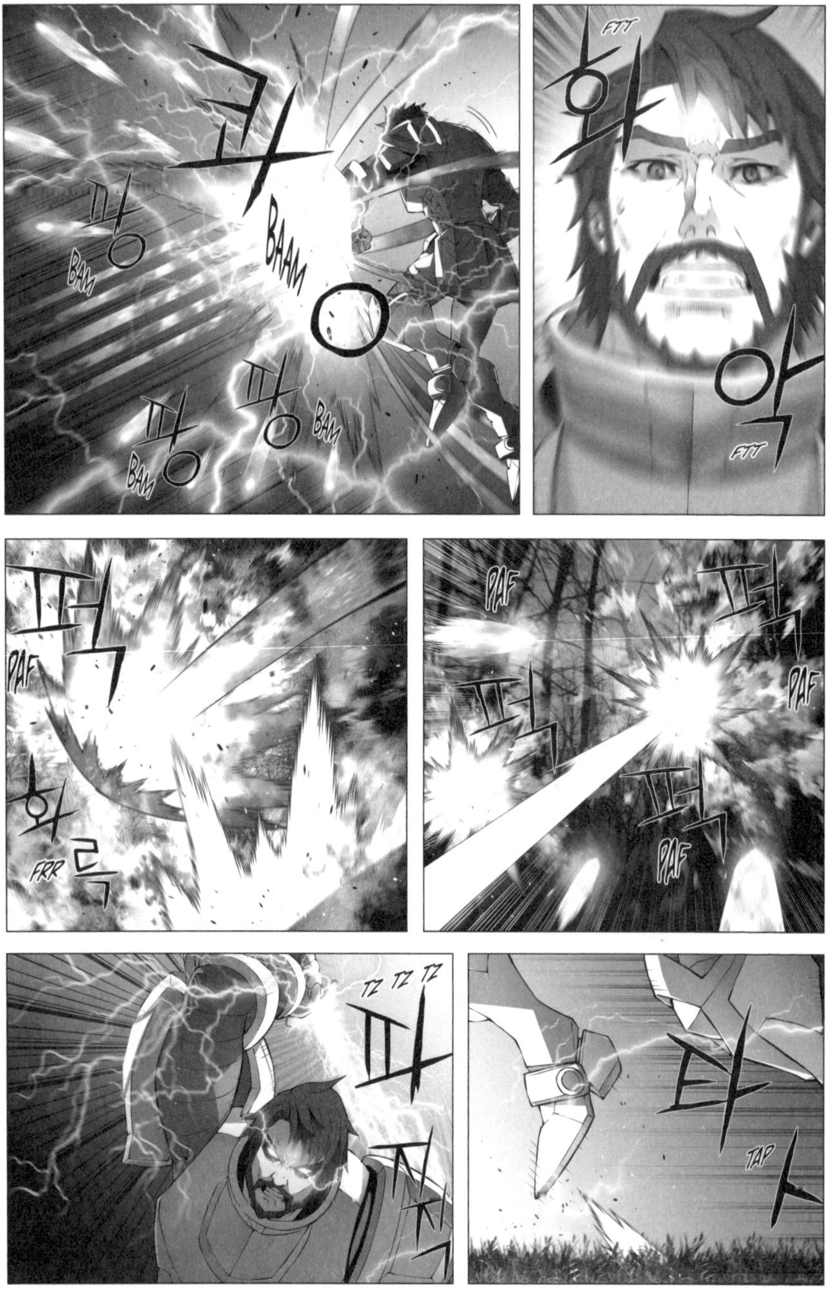

쾅
BAAM
팡
BAM
팡
BAM
팡
BAM
FTT
화악
FTT
퍽
PAF
화르륵
FRR
PAF
퍽
PAF
퍽
퍽
PAF
TZ TZ TZ
파지직
탁
TAP

VIIIISH
WOOSH
CRIING
GRAAAH
FT
FT
FT

BOUM

BLAM
PTZ
TZ
TZ

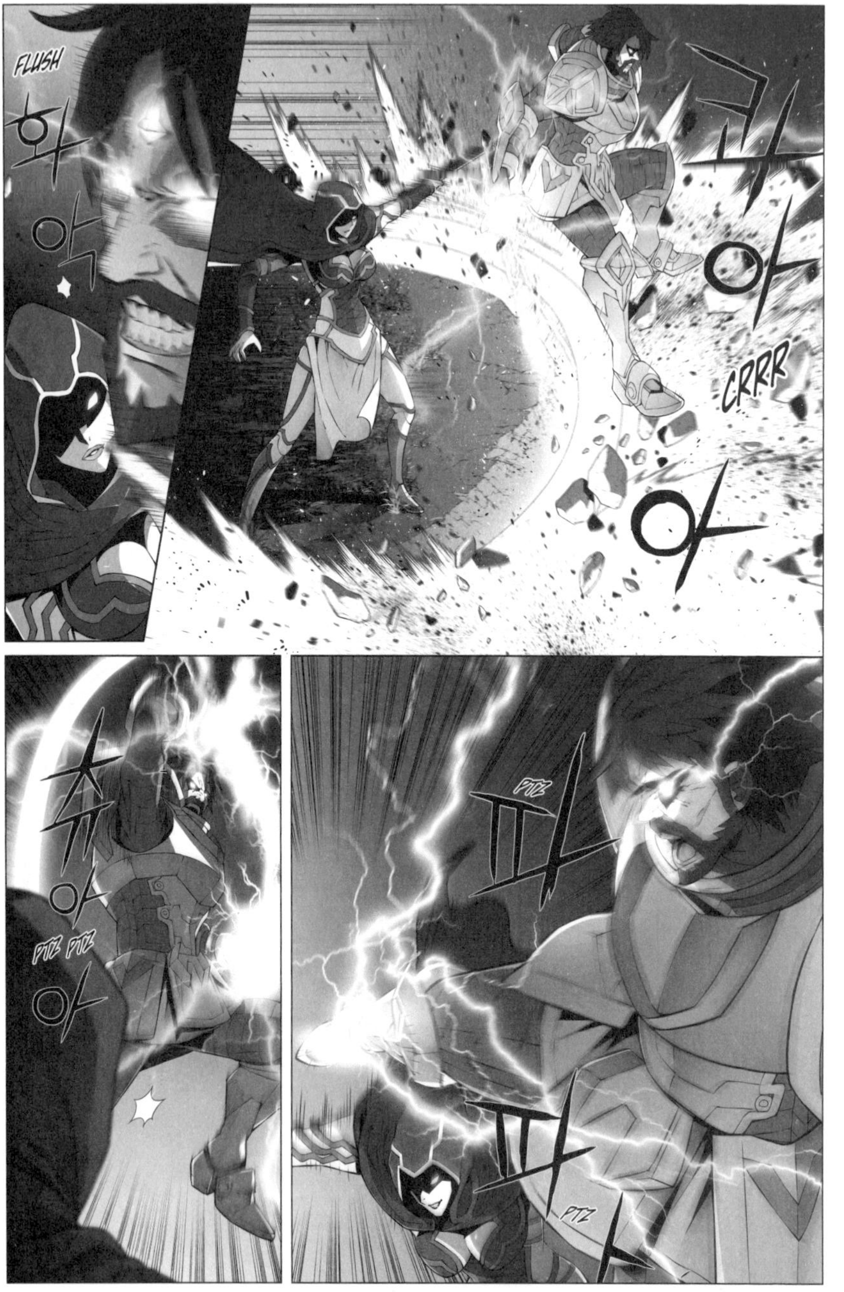
FLUSH
화악
CRRR
PTZ PTZ
PTZ
PTZ

ZZZT
TZ TZ
HIN HIN
BAOM!!!!
Mais seras-tu capable d'esquiver ça ?!

!!
BLITZ
VOUSH
SHLAC
CRIIII
ZZZT
Pour un vaurien, force est de constater que tu es plutôt véloce...
CRII

CRRRR
!!
SHHH
WOUSHH

TAP
TAP
TAP
FZZ
FZZ
FZZ

YAHH
TAP
PARCE QUE J'AI L'AIR DE M'INTER-ROGER SUR MON SORT ?!
FLAP
Un vrai parangon du sacrifice !

TZ TZ TZ
Huh, huh, huh... Comme prévu, un vaurien protège son village...
SHHH
PAR CONTRE, UNE FAUX QUI S'EN PREND À UN VILLAGE, ÇA, ÇA NE SE PRÉVOIT PAS !
Les faibles ne sont pas en position de s'interroger sur leur sort.

BLA
QU'EST-CE QUI SE PASSE ?!
EST-CE QU'ALMACE S'EN SORT ?!
BLA
BRAOUM
BOUM
SCRAAATCH
ALLEZ, NOUS AVONS PERDU ASSEZ DE TEMPS !

SNIF
TU CONNAIS UN FORGERON QUI ABANDONNERAIT SA FORGE, MA CHÉRIE ?
부비
FRT
Aïe ! Tu piques, p'pa !
DARBIN, EST-CE VRAIMENT NÉCESSAIRE QUE VOUS PRENIEZ UN TEL RISQUE ?
툭
POK
QUAND LA TEMPÊTE SERA PASSÉE, NOUS PARLERONS DE TA MÈRE, RAUST.

SCRITH
VOUS AUSSI, MAÎTRE...
POK
OUIN
PAPA ! J'VEUX PAS QU'ON SE SÉPARE !
T'INQUIÈTE PAS, MA P'TITE ÉTINCELLE ! TON PAPOUNET EST FORT COMME DIX !

SOIS PAS AUSSI SOLENNEL, ROBLE ! TON FILS EST UN ARTISAN DE GÉNIE, IL SERA MON FIER SUCCESSEUR !
Oui, papa...
...
JE N'AI JAMAIS ÉTÉ AUSSI SÉRIEUX...
VOUS NE PARLEZ PAS SÉRIEUSEMENT, MAÎTRE !
EN ATTENDANT, FAIS-MOI PLAISIR ET RESTE EN VIE, P'TIT GARS !

CE N'EST PAS UNE BONNE IDÉE... ALMACE A BIEN DIT QUE TOUT LE MONDE DEVAIT ÉVACUER...
FROT
N'EST-CE PAS, HATAL ?
...
QUOI QU'IL ARRIVE, LE VILLAGE NE DOIT PAS ÊTRE COMPLÈTEMENT ABANDONNÉ. C'EST NOTRE FOYER, APRÈS TOUT.
LE MOMENT EST VENU POUR TOI DE PRENDRE LES ARMES QUE TU AS L'HABITUDE DE FORGER.
...

FOA, TU VAS EMBARQUER TOI AUSSI AVEC RAUST, HATAL ET PILIN.
PÈRE, POURQUOI SEULEMENT LES FEMMES ET LES ENFANTS ?
JE COMPTE SUR VOUS QUATRE POUR PROTÉGER TOUT LE MONDE.
C'EST PAS UNE TÂCHE AISÉE, ALORS RESTEZ SUR VOS GARDES, LES JEUNES !
NON ! JE NE FUIRAI PAS COMME UN LÂCHE !
MAIS PAPA, JE NE VEUX PAS TE PERDRE, TOI AUSSI...
OÙ EST-CE QUE TU VOIS DE LA LÂCHETÉ, PILIN ? TU VAS DEVOIR ÊTRE PLUS À L'AFFÛT QUE JAMAIS !

ÉPARGNE TA SALIVE ! ALMACE FAIT TOUT SON POSSIBLE POUR QUE NOUS SURVIVIONS À CETTE MOISSON, ALORS EN AGISSANT DE LA SORTE, VOUS NE FAITES QUE COMPLIQUER SA TÂCHE !
JE SUIS DÉSOLÉ, MONSIEUR HEARTWOOD... NOUS VOULIONS JUSTE-
HATAL, JE SUIS DÉÇU. JE TE CROYAIS PLUS RESPONSABLE ET MATURE QUE ÇA.
C'EST CE QU'A DIT ALMACE. IL VA SANS DOUTE TOUT FAIRE POUR LES RETENIR.
PENDANT CE TEMPS, NOUS DEVONS EN PROFITER POUR NOUS ÉCHAPPER.
TU AS DIT QUE DES FAUX VONT APPARAÎTRE ?
VOUS ALLEZ VOUS RENDRE À LA BAIE ET EMBARQUER SUR LA CARAVELLE POUR PRENDRE LA MER !
QUE TOUTES LES FEMMES ET TOUS LES ENFANTS DU VILLAGE SE RÉUNISSENT !

ÉCOUTE, FOA, NOUS DEVONS FUIR CAR DES FAUX VONT APPARAÎTRE !
ÇA SUFFIT, ARRÊTE DE RACONTER DES CONNERIES !
ON A SAUVÉ LA PEAU D'ALMACE, RIEN QUE ÇA !
HÉHEM
CLAC
IL AURA EU SON LOT DE BAFFES POUR LA JOURNÉE !
JE CROYAIS AVOIR ÉTÉ CLAIR !

DIS PLUTÔT QUE T'AS LA FROUSSE !
ON DOIT FUIR ! CE N'EST PAS UN JEU !
TU AS TRÈS BIEN ENTENDU ALMACE !
CHOP
ÉCOUTEZ-MOI ! IL FAUT QUITTER LE VILLAGE PAR LA MER !
POK
웅성 BLA
BLA 웅성
QU'EST-CE QUE VOUS FAISIEZ DANS LES BOIS, TOUS LES DEUX ?

QU'EST-CE QUE TU FICHES ?!
LES « FAUX »... JE ME DEMANDE À QUOI ELLES PEUVENT BIEN RESSEMBLER...
NON, PAS CETTE FOIS, RAUST ! C'EST BIEN TROP DANGEREUX !
ALLEZ, ON N'AURA PEUT-ÊTRE PLUS JAMAIS L'OCCASION D'EN VOIR !

OOOO
YAAAH

CRAAC
CRAAC
TZZZ
TZZZ

MON ESPRIT ET MON CORPS NE S'EN REMETTRONT PAS, MAIS JE DOIS LE FAIRE…
TCHIIING
TZZZ
TZZZ
TZZZ

RENTREZ AU VILLAGE ET DITES À TOUT LE MONDE D'ÉVACUER PAR LA MER. TOUT DE SUITE.
BON, J'DOIS ADMETTRE QUE VOUS AVEZ PAS USURPÉ VOTRE-
MERCI POUR VOTRE AIDE !
PIRE. DES FAUX VONT SUCCÉDER AUX FAUCILLES.
ÉVACUER PAR LA MER ?! VOUS VOULEZ DIRE QU'IL Y EN A D'AUTRES ?!
FAITES CE QUE JE VOUS DIS !
DES FAUX ?! POUR UN PETIT VILLAGE COMME LE NÔTRE ?!

TCHAC
CRIING
TCHING
UNE VISION JUSTE AVANT QUE J'ÉTEIGNE MON IMPLANT... J'AI VRAIMENT UNE CHANCE DÉMESURÉE...
HAN
HAN

Chapitre 3
L'Écho du Destin

ALMACE

ÂGE : 37 ANS
TAILLE : 193 CM
POIDS : 88 KG
STATUT : ÉGIDE DE VILLAGE

Lorsque l'Égide dégaine l'épée de son bouclier-fourreau, l'implant neuronal incrusté dans son front s'active automatiquement. L'implant intensifie l'Esprit de l'Égide, lui permettant, entre autres, de prédire l'avenir proche lorsqu'il est en danger.

SHLASHH

LEURS MAÎTRES,
LES FAUX...

NON !! CE N'EST PAS TERMINÉ !!
LES FAUCILLES NE SONT PAS VENUES SEULES !
LEURS MAÎTRES, LES FAUX... !

FUYEZ TOUS !! PARTEZ !!
ALMACE EST DE RETOUR ! NOUS SOMMES SAUVÉS !
IL A RÉUSSI ! C'EST UN VÉRITABLE HÉROS !
ON PEUT BÉNIR LE REMPART DU SALUT POUR FORMER DE TELS CHEVALIERS...
Z'ÊTES PAS UN ÉGIDE POUR RIEN, ALMACE ! J'VOUS OFFRE LA PINTE À VIE POUR ÇA !

DÉCO-
HEIN ?!
ATTENDEZ !
TAP
TAP
TAP
ALMACE ! AVEC RAUST ET HATAL ?!

ENCOCHEZ !
C'EST UNE CATASTROPHE...
BANDEZ !
...
PAR LES CINQ... ALMACE, COMMENT T'AS PU TE FAIRE BATTRE...

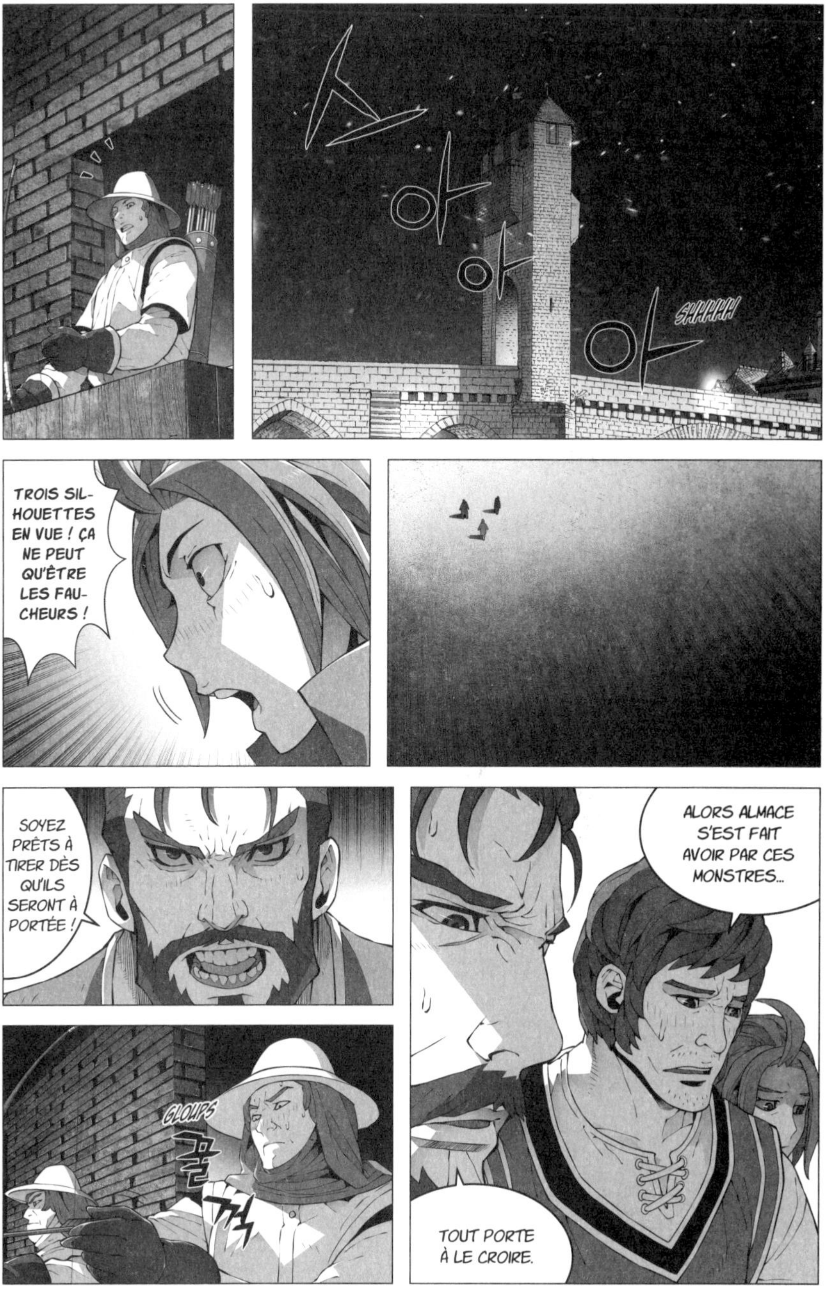

SHHHHH!
TROIS SILHOUETTES EN VUE ! ÇA NE PEUT QU'ÊTRE LES FAUCHEURS !
SOYEZ PRÊTS À TIRER DÈS QU'ILS SERONT À PORTÉE !
ALORS ALMACE S'EST FAIT AVOIR PAR CES MONSTRES...
GLOUPS
TOUT PORTE À LE CROIRE.

RETOUR-
NONS AU
VILLAGE !
SUR-LE-
CHAMP !

쩌그클
PSSS
BON SANG, TOUT LE GIBIER FOUT LE CAMP !
QU'EST-CE QUI SE PASSE ?! IL Y EN A D'AUTRES ?!
« Lorsqu'ils approchent, ils marquent l'environnement de leur empreinte... »
C'EST QUOI CE VENT CHAUD, MAINTENANT ?!
PSSS
IMPOSSIBLE... NON, DITES-MOI QUE C'EST IMPOSSIBLE...

BON, RENTRONS AU VILLAGE POUR RASSURER TOUT LE MONDE.
?!
타
TA
탁
TAP
부시럭
CRAC
TAGA
TAGA
두두두두
TAGADAC
TAGA
TAGA
다다 다
PFIOU...
C'EST QUOI CE BORDEL ?!
AH !
HIIII !

PSHH
MAIS MERCI À TOUS LES DEUX ! SANS VOTRE AIDE, ÇAURAIT ÉTÉ PLUS COMPLIQUÉ !
ZZT
JE TE L'AVAIS BIEN DIT, RAUST, IL FAUT CERTAINES APTITUDES POUR LES AFFRONTER...
COMME ON L'AVAIT DIT, POUR LIGHTYARD, TROIS ÉTAIT LE MAXIMUM À PRÉVOIR.
QUOI ?! VOUS VOULEZ DIRE QUE C'EST FINI ?!
EXACT. TANT QU'ILS NE MEURENT PAS, LES FAUCHEURS CONTINUENT DE SÉVIR.
ALORS IL FAUT LES TUER À CHAQUE MOISSON ? IMPOSSIBLE DE LES REPOUSSER ?

!!
SLASH
BAM
GNN
SPAK

TZZ
TZZ
TZZ
KEUF
FRRR
PSHHH

ILS NOUS RATTRAPENT !
SPLASH
TCHAK

HEIN ?!
TONK
Krrrrr !
SAUVONS-NOUS !
TAP TAP TAP
SAU... SAU...

PAK

캬
KHÉ
캬
KHÉ
KHÉ
캬
하악
HAF
하악
HAF

ZZT
스르륵
픽
FHWT
착
TAP
JE LES AI SOUS-ESTIMÉS... ILS SONT BIEN PLUS CORIACES QUE CE QUE J'IMAGINAIS...
NON, ENCORE UN TOUT PETIT PEU...
깜빡
BLITZ
GHH !

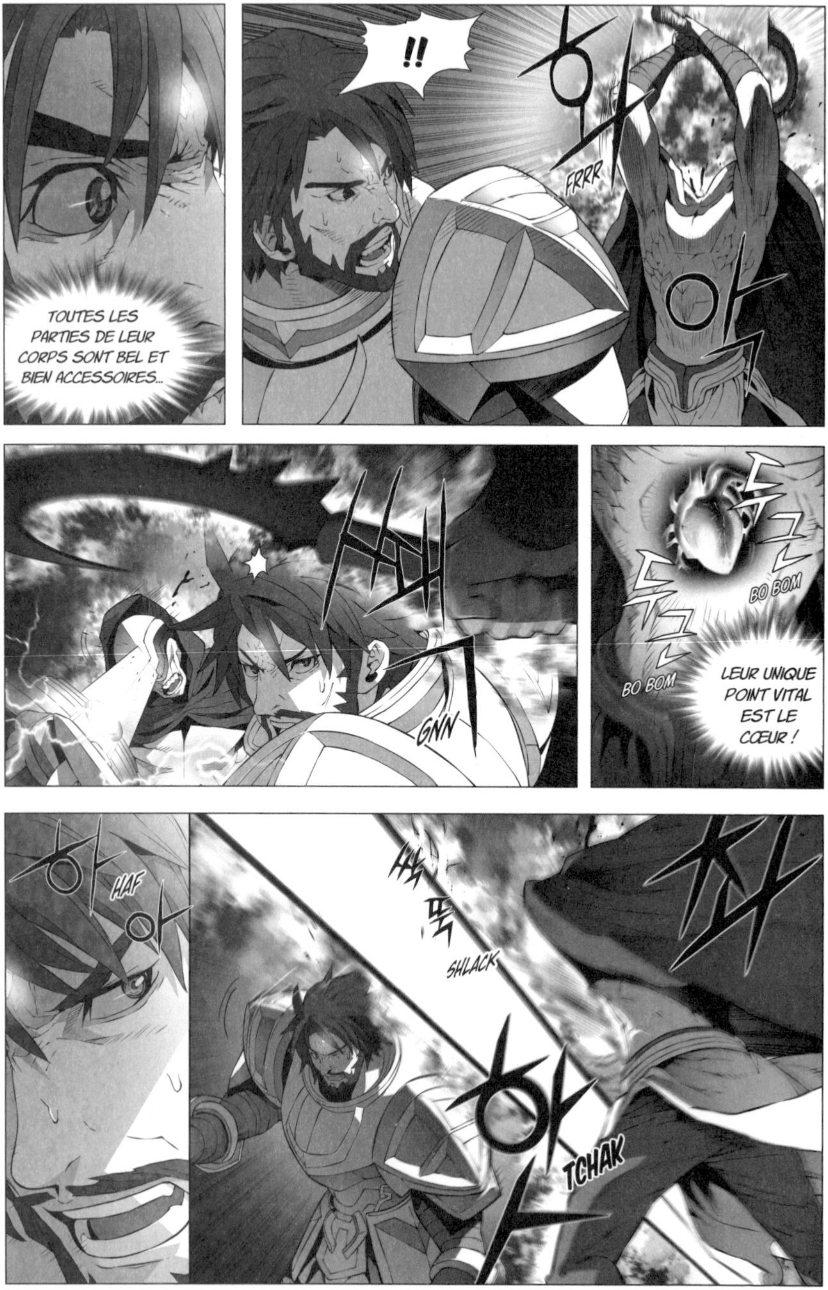
TOUTES LES PARTIES DE LEUR CORPS SONT BEL ET BIEN ACCESSOIRES...
!!
FRRR
GNN
BO BOM
BO BOM
LEUR UNIQUE POINT VITAL EST LE CŒUR !
HAF
SHLACK
TCHAK

TCHAAK
BO BOM
BO BOM
?!
TU VAS CREVER, OUI ?!
ZZT

TAP
TAP
TAP
KRRIII
CHTONK
YAAAH !!

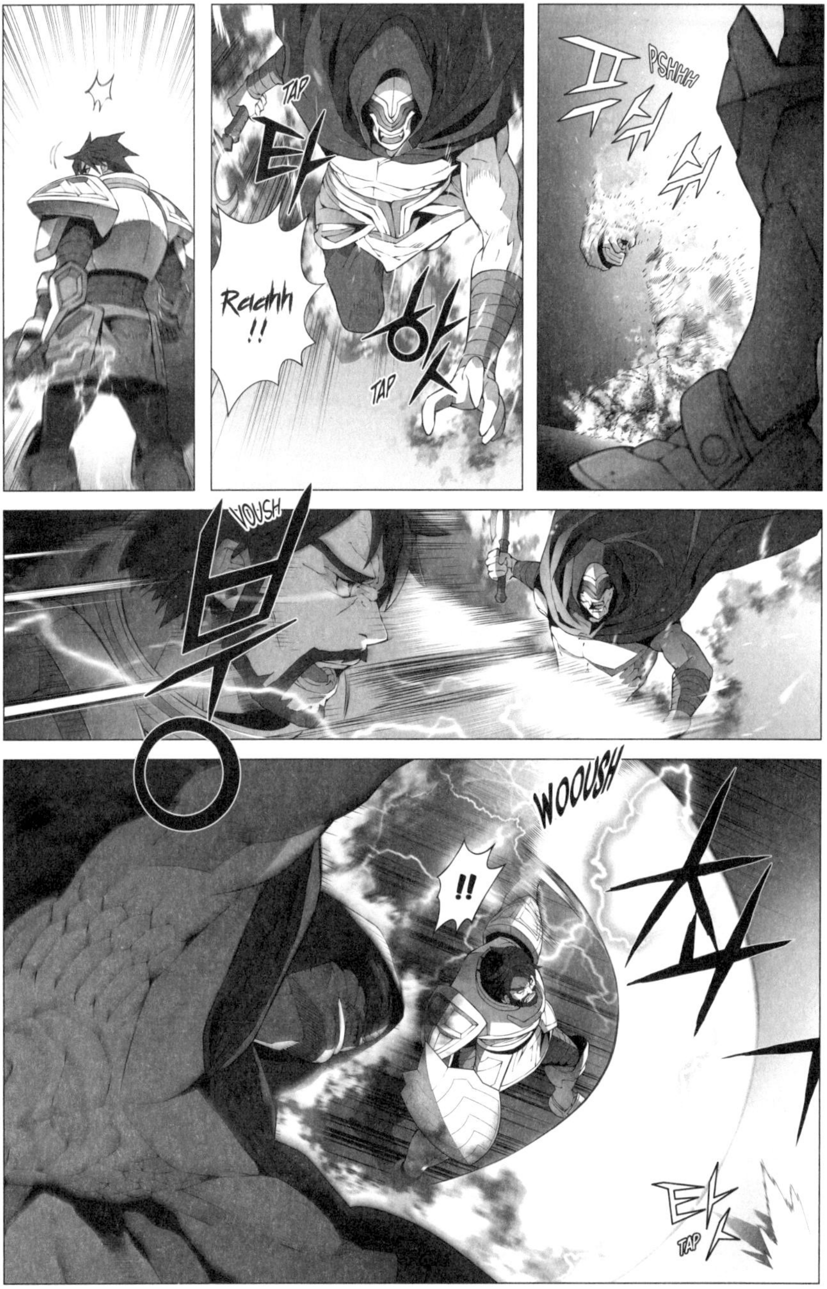
TAP
Raahh !!
TAP
PSHHH
VOUSH
WOOUSH
!!
TAP

CRAAAC
SBOM
BOUM

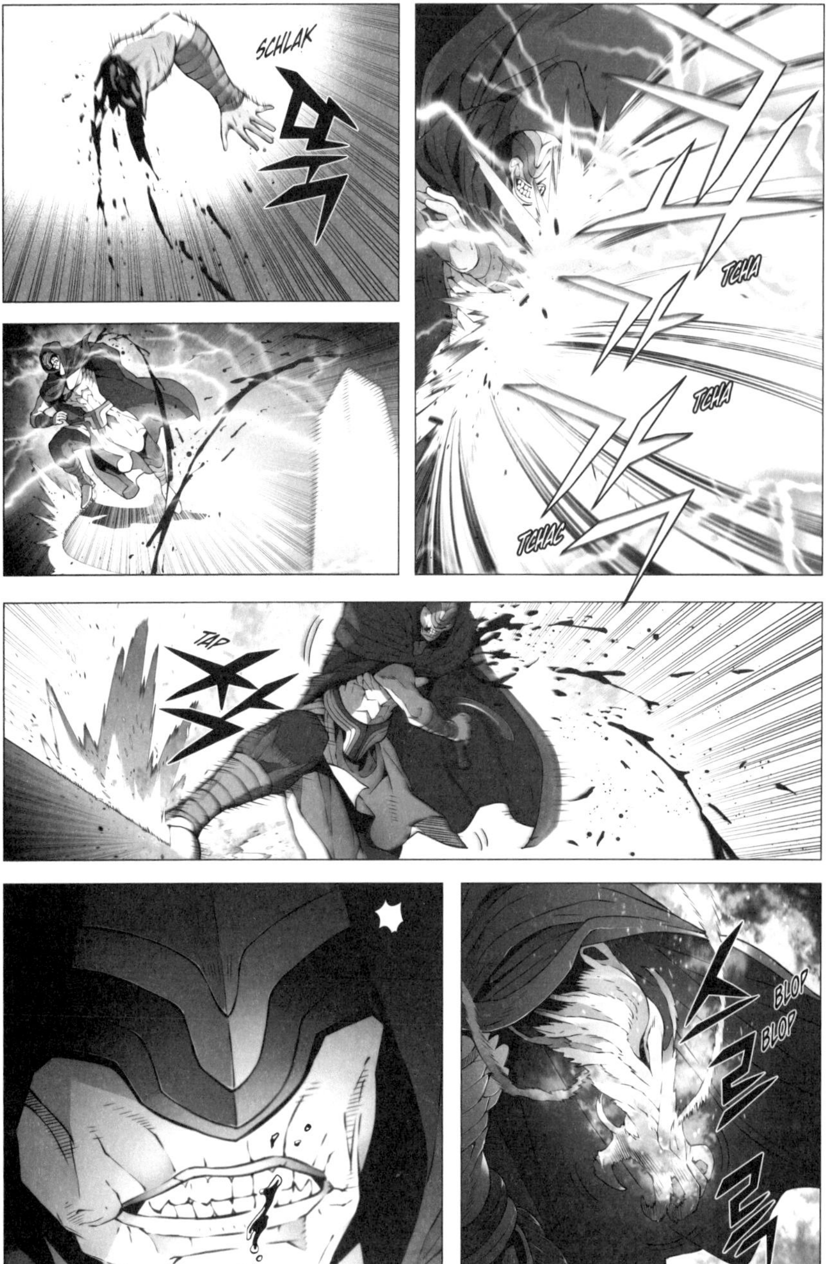

SCHLAK
TCHA
TCHA
TCHAC
TAP
BLOP
BLOP

WOUSH
SCRII
CLING
CLING
ARGH
ARGH

HÉ, HÉ !
YAAAH!
TAP

BRACON
ÂGE : 37 ANS
TAILLE : 178 CM
POIDS : 75 KG
STATUT : CHASSEUR
PILIN
ÂGE : 15 ANS
TAILLE : 172 CM
POIDS : 63 KG
STATUT : CHASSEUR

?
ZZZT
쓱
자박
TAP
AHEM ! ENFIN BREF, TU AS LA RÉPONSE À TA QUESTION !
Aouch...
FAROLA, JE T'AI DIT DE RESTER EN HAUT !
C'EST QUOI, TOUTES CES LUMIÈRES DANS LA FORÊT, P'PA ?
MA P'TITE ÉTINCELLE, C'EST ALMACE, NOTRE FIER ÉGIDE, QUI SE BAT CONTRE LES MÉCHANTS FAUCHEURS !
BAH QUOI ? TU PRÉFÉRERAIS QUE JE DISE QU'Y A UN FEU D'ARTIFICE ?!
TU N'AS PAS PU T'EMPÊCHER DE LUI DIRE, VIEUX BOUGRE...

C'EST PAS DE MON RESSORT, P'TIT GARS. LES RÉSULTATS DE MA FILLE PARLERONT D'EUX-MÊMES.
MAÎTRE, VOUS ACCEPTERIEZ QUE FARA SUCCÈDE À ALMACE EN TANT QU'ÉGIDE DU VILLAGE ?
BON SANG, J'ESPÈRE QU'ALMACE VA S'EN SORTIR...
FARA SAIT QUE FILTA ET MOI AVONS ÉTÉ SAUVÉS D'UNE MOISSON PAR KALINA, ALORS QU'ELLE ÉTAIT ENCORE DANS LE VENTRE DE SA MÈRE.
D'AILLEURS, C'EST APRÈS CET EXPLOIT QUE TA MÈRE A ÉTÉ PROMUE ÉGIDE DE LA CAPITALE D'HURSTLAND.
ELLE A VOULU SUIVRE LES TRACES DE MA MÈRE, N'EST-CE PAS ? ELLE L'A TOUJOURS TANT ADMIRÉE...
MAÎTRE, VOUS ÊTES TOUT ROUGE, VOUS AVEZ DE LA FIÈVRE ?
FAUT DIRE QU'ELLE ÉTAIT SI IMPRESSIONNANTE...

TU SAIS TRÈS BIEN DE QUOI JE PARLE. LA VÉRITÉ SUR SA NAISSANCE.
DIS-MOI, ROBLE, QUAND EST-CE QUE TU COMPTES DIRE LA VÉRITÉ À RAUST ?
QUELLE VÉRITÉ ?
LE COMBAT A L'AIR D'ÊTRE VRAIMENT INTENSE...
CE QUI A TUÉ SA MÈRE N'EST PAS CETTE BÊTE, C'EST–
IL N'A PAS BESOIN DE SAVOIR ÇA, BRACON.
QU'EST-CE QU'IL Y A À SAVOIR SUR SA NAISSANCE ?
불쑥
ZWIP
...
IL LE DÉCOUVRIRA TÔT OU TARD. ET LE JOUR OÙ ÇA ARRIVERA, IL NE TE PARDONNERA PAS DE LUI AVOIR CACHÉ.

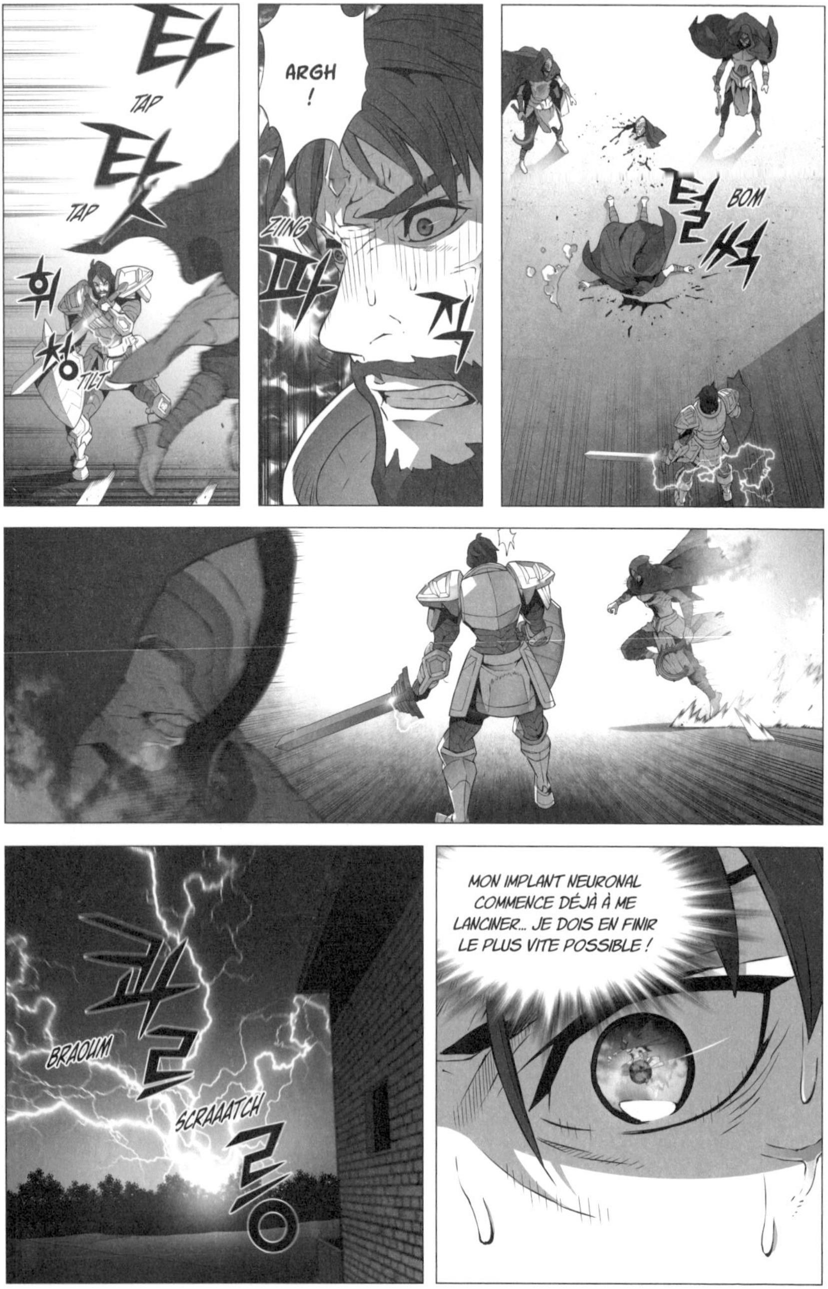

타
TAP
탓
TAP
휘청
TILT
ARGH !
ZIING
파직
털썩
BOM
콰르릉
BRAOUM
SCRAAATCH
MON IMPLANT NEURONAL COMMENCE DÉJÀ À ME LANCINER... JE DOIS EN FINIR LE PLUS VITE POSSIBLE !

SCHLAC
QU'EST-CE QUE TU DIS DE ÇA ?!
MÊME PAS UN PETIT MOMENT DE RÉPIT !
PAS LE TEMPS DE FANFARONNER...
FLAP
CLANG
HA ! LÀ, TU POURRAS PLUS TE RÉGÉNÉRER, PAS VRAI ?!
BOM BOM
TCHAC

SGG
SGG
FRRRR
FUIT
SANS SURPRISE, ILS SE RÉGÉNÈRENT...
WOUSH
HWIT

CHTONK
TCHAC
!!
VOUSH

TAP
TAP
TAP
... PUISQUE JE VAIS VOUS ÉRADIQUER !
TAP
CLANG
!
FSHHHH

HWIT
TAK
TCHAC
C'EST LA SECONDE FOIS QUE J'AI AFFAIRE À VOUS... VOUS ME REMETTEZ ?
ON DIRAIT PAS... MAIS MOI, JE ME RAPPELLE TRÈS BIEN, IL Y A VINGT-HUIT ANS, LORSQUE J'AI VU MON VILLAGE BRÛLER ALORS QUE J'ÉTAIS CACHÉ AVEC MON FRÈRE ET MA SŒUR. CAR OUI, NOUS AVONS SURVÉCU.
NOUS ÉTIONS MÊME LÀ LORSQUE VOS PETITS CAMARADES, LES « *RAMASSEURS* », FAISAIENT DISPARAÎTRE LES CADAVRES DE NOS PARENTS ET DE NOS AMIS...
QU'EST-CE QU'ILS ONT FAIT DE LEURS CORPS, HM ?
...
SCHRICH
VOUS N'ÊTES PAS DU GENRE À TAPER LA DISCUTE, PAS VRAI ? AUCUNE IMPORTANCE...
CRING

TAP
TAP
TZZZZZZ

FAUCILLES

Faucheurs les plus communs, les Faucilles s'attaquent aux villages. Comme leur nom l'indique, elles sont armées d'une faucille pour « moissonner ».

TAP
BOUM
FLASH
ALORS C'EST ÇA, LA PUISSANCE D'UN ÉGIDE...
LA DÉCISION VOUS APPARTIENDRA.
PSHH
SI J'ÉCHOUE, DÉFENDEZ-VOUS POUR VOS VIES OU FUYEZ...
RESTEZ AUX AGUETS, À PRÉSENT.
PTZ TZ TZ

TZZZ
CLING
TZZZ
PTZ TZ TZ
GZZ
SI L'UN D'ENTRE EUX M'ÉCHAPPE, TIREZ-LUI DESSUS SANS RELÂCHE.

FRRRRR
TAP
TAP
QUELLE VITESSE !
MAIS JE VAIS LES INTERCEPTER AVANT QU'ILS N'ATTEIGNENT LE VILLAGE.
À CETTE ALLURE, ILS SERONT LÀ EN UN RIEN DE TEMPS !
ILS PASSENT PAR LIGHTWOOD... J'AURAIS DÛ M'EN DOUTER...

POURQUOI NE PAS FAIRE APPEL À D'AUTRES ÉGIDES ? IL FAIT NUIT, ALORS ILS DOIVENT ÊTRE DISPONIBLES...
ILS PEUVENT SURGIR DE N'IMPORTE QUEL CÔTÉ ?
D'OÙ L'IMPORTANCE D'UNE TOUR DE GUET...
NOUS MANQUONS DE TEMPS... ET PUIS, LAISSEZ-MOI HONORER UN PEU MA FONCTION !
SI SEULEMENT KALINA ÉTAIT LÀ...

우르르
BLA
PAR LES CINQ, ON N'AURA JAMAIS LE TEMPS !
와글
BLA
와글
BLA
헉
HIRK
M-M-MAÎTRE !
ON VA Y ARRIVER, MAÎTRE !
AU SUIVANT !
HMM...

PFIOU
OUF, IL FAIT SACRÉMENT CHAUD, TOUT À COUP...
FROT
PEUT-ÊTRE UN AUTRE SIGNE ANNONCIATEUR ?
CLAP
CLAP
HAF
HAF
BLA BLA
BLA BLA
PEU IMPORTE. ON A FINI, ON PEUT ENFIN RENTRER...

RAUST, TU AS HÉRITÉ DU GRAND TALENT DE TA MÈRE POUR LA CHASSE...
MOI AUSSI, JE VEUX ME BATTRE, MON ONCLE !
BRACON, TON FILS EST UN EXCELLENT ARCHER. LAISSE-LE MONTER AVEC NOUS EN HAUT DE LA TOUR.
ALLEZ VOUS RÉFUGIER !
CHTAC
MAIS TA SPÉCIALITÉ EST LE COMBAT RAPPROCHÉ...
... ET IL PEUT S'AVÉRER FATAL CONTRE LES FAUCHEURS SANS CERTAINES « APTITUDES » !
J'EN SAIS RIEN ET ÇA M'EST ÉGAL. PERSONNE M'EMPÊCHERA DE ME BATTRE POUR LE VILLAGE, PAS MÊME MON ONCLE !
NON MAIS FRANCHEMENT, POUR QUI EST-CE QU'ILS NOUS PRENNENT ?

PAPA !
ONCLE ROBLE !
TAP
TAP
TAP
ALMACE, COMMENT EST-CE POSSIBLE ?!
AUCUNE IDÉE. BRACON ET TOI, RÉUNISSEZ LES MEILLEURS ARCHERS ET POSTEZ-VOUS EN HAUT DE MA TOUR !
UN INSTANT, ALMACE ! C'EST LA PREMIÈRE FOIS QUE ÇA ARRIVE DE NUIT, ET ÇA TOMBE COMME PAR HASARD SUR NOUS ?!
À MA CONNAISSANCE, C'EST EN EFFET BIEN LA PREMIÈRE FOIS QU'ILS AGISSENT À LA NUIT TOMBÉE...

VOUS N'AVEZ RIEN À CRAINDRE. RENTREZ CHEZ VOUS, JE VIENDRAI VOUS AUSCULTER PLUS TARD.
LE TEMPS PRESSE ! METTEZ-VOUS À L'ABRI AU PLUS VITE !
NE VOUS EN FAITES PAS, CE N'EST RIEN...
BLA
BLA
DOIS-JE TE RAPPELER QUE JE SUIS LA DOCTORESSE DU VILLAGE ?
ET DOIS-JE TE RAPPELER QUE LES FAUCHEURS SONT DES ASSASSINS ?
MULIKA ! TOI AUSSI, TU DOIS RENTRER !
FAIS BIEN ATTENTION À TOI, MON GARÇON.
TCHAC
O-OUI...
ZZZT
ILS NE SE CONTENTENT PAS DE BLESSER... ILS TUENT SANS PITIÉ !

KYAHHH
?!
MESSIEURS, REJOIGNEZ DARBIN SUR L'AUTRE COTEAU POUR VOUS ÉQUIPER ! MESDAMES ET MESDEMOISELLES, RENTREZ CHEZ VOUS ET NE PANIQUEZ PAS SI...
LE SECOND SIGNE ANNONCIATEUR... ILS APPROCHENT...

CLING
HÉ ! J'ESPÈRE QU'IL VA PAS SE FAIRE LA MALLE EN DOUCE !
PARÉ !
CLONG
TOP !
DANG
C'EST UNE PREMIÈRE POUR VOUS AUSSI, PAS VRAI ?
EN EFFET...
TAP
TAP
TAP

TU VAS PEUT-ÊTRE AVOIR L'OCCASION DE VOIR À QUOI ILS RESSEMBLENT, RAUST !
TAP
J'AI PAS PEUR, SI C'EST CE QUE VOUS INSINUEZ...
TAP
HAN
TAP
TAP
CLONG
SELON LE NOMBRE D'HABITANTS, LES VILLAGES SONT VISÉS PAR UN À TROIS TRIOS DE « FAUCILLES ». LES « FAUX », ELLES, S'EN PRENNENT AUX VILLES.
ILS SONT COMBIEN LORSQU'ILS ATTAQUENT ?
ATTENDEZ-MOI ICI, JE REVIENS TOUT DE SUITE.
VU QUE LIGHTYARD A PEU D'HA-BITANTS, IL N'Y AURA SÛREMENT QU'UN TRIO...
CERTAINEMENT...

J'VAIS AVOIR BESOIN DE TOI, P'TIT GARS !
TAP
TAP
TAP
SUIVEZ-MOI !
RAUST, PRÉVIENS MON PÈRE !
COMPTE SUR MOI !
J'ARRIVE, MAÎTRE !
LE MIEN DOIT ÊTRE AVEC ROBLE SUR L'AUTRE COTEAU.
PAREIL POUR MULIKA.
ALORS ALLONS-Y ENSEMBLE !

VITE !
Q-QU'EST-CE QUE J'DOIS FAIRE, MOI ?
PAPA, MAMAN !
웅성 BLA 웅성 BLA
APRÈS, ALLEZ VOUS ABRITER CHEZ VOUS AVEC VOS FEMMES ET VOS ENFANTS !
LES BRAISES NE SONT QUE LE PREMIER SIGNE AN-NONCIATEUR, ET LE SECOND NE VA PAS TARDER !
스아아 SHHH 아
MESSIEURS, SURTOUT, RASSUREZ VOS FEMMES ET VOS FILLES, QU'ELLES NE S'AFFOLENT PAS ! DE MON CÔTÉ, JE VAIS M'ÉQUIPER ET PRÉVENIR L'AUTRE COTEAU !

ÉCOUTEZ-MOI TOUS !
JE SUIS VOTRE ÉGIDE, NE L'OUBLIEZ PAS ! EN TANT QUE TEL, MON RÔLE EST DE VOUS PROTÉGER AU PRIX DE MA VIE !
PERSONNE N'EST PRÊT À VIVRE UNE TELLE SITUATION, MAIS VOUS DEVEZ ABSOLUMENT GARDER VOTRE CALME !
DARBIN, ÉQUIPE LES HOMMES AVEC LES ARMES ET ARMURES DE TA FORGE !
PFT
MAIS AU CAS OÙ, NOUS ALLONS PRENDRE DES PRÉCAUTIONS !

UNE MOISSON À LA NUIT TOMBÉE, C'EST DU JAMAIS-VU...
ÇA NE FAIT AUCUN DOUTE...
SHHHH
NORMALEMENT, ELLES ONT LIEU AU COUCHER DU SOLEIL, NON ?
C'EST UN CAUCHEMAR ! ON DOIT FUIR !
COMMENT ÇA SE FAIT, ALMACE ?
HMM...
FSHHH

SHHH
C'EST VRAIMENT EUX, ALMACE ?
OH NON...
J'EN CROIS PAS MES YEUX !
ALORS CE SERAIT ÇA, LE PRÉLUDE DES MOISSONS ?
FSHH

!!
LES FAUCHEURS ! ILS ARRIVENT !
!
LES FAUCHEURS ?!
하악
HAF
하악
HAF
SCRICH
QU'EST-CE QUE TU RACONTES, FILTA ? C'EST IMPOSSIBLE !
ALLEZ VOIR VOUS-MÊMES ! L'AIR EST EMPLI DE BRAISES ROUGES !

Chapitre 2
Leur Empreinte

RAUST HEARTWOOD

ÂGE : 17 ANS
TAILLE : 176 CM
POIDS : 73 KG
STATUT : CHASSEUR

FOA HEARTWOOD

ÂGE : 14 ANS
TAILLE : 167 CM
POIDS : 61 KG
STATUT : FORGERON

탁
TAP
탁
TAP
탁
TAP
FSHH
MAIS CETTE FAMILIARITÉ DONT TU PARLAIS...
J'AIMERAIS QUE TU M'EN DISES UN PEU PLUS !
하하하
HAHAHA
BLABLA
우당탕
BA DAM
Ah !
I-ILS ARRIVENT...
?!
AH ! VIENS BOIRE UN COUP, MA CHÉRIE !
D-DARBIN...
헉
HAF
헉
HAF

PARDONNE-LE, FOA... TU LE CONNAIS, LUI ET SON MANQUE DE TACT...
RAMENEZ-VOUS !
ZZZT
PFIOU
MERCI, LES AMIS...
TOP
TOP
AU FINAL, IL S'EXCUSERA, COMME D'HAB' !
BOM
J'SUIS FIER DE TOI ! T'AS LIVRÉ LA BARONNE TOUT SEUL, COMME UN GRAND !
FRRT
FRRT
ARF
ALLEZ, STEIN ! SERS DONC UNE PINTE À MON P'TIT GARS !
TAP

SCHLAC
OH ! JE COMPRENDS AU MOINS QU'IL IMPLIQUE DE JAMAIS SE BATTRE !
TU DEVRAIS SURVEILLER TES MOTS, GARÇON !
!
PILIN, HATAL... VENEZ, ON RAMÈNE LE WULVER CHEZ MON ONCLE...

M'ENFIN, DE TOUTE FAÇON, TOI, TU PRÉFÈRES MARTELER DU MÉTAL À LONGUEUR DE JOURNÉE...
웃차
HO HISSE !
SCRICH
PENDANT QUE TU T'LA COULAIS DOUCE, NOUS, ON DEVENAIT DES HÉROS DE CHASSE !
EH OUAIS...
탁
TAK
HA ! ÇA RESTE TRANQUILLEMENT À L'ABRI DANS SON P'TIT ATELIER ET ÇA PARLE DE « SAUVEGARDE DE L'HUMANITÉ » !
DISONS PLUTÔT QUE JE PRÉFÈRE ÊTRE UTILE À LA SAUVEGARDE DE L'HUMANITÉ...
HWIT
C'EST BIEN CE QUE JE PENSAIS, TU NE COMPRENDS RIEN À CE QU'IMPLIQUE LE MÉTIER DE FORGERON...

LAISSE-LE RESPIRER UN PEU...
ALORS, POURQUOI T'AS MIS TOUT CE TEMPS ?!
FRRT
FRRT
AOUTCH
ZZT
C'EST MOI QUE TU CHERCHES, P'TIT GARS ?
HIRK
HÉ ! DIS DONC, COMMENT ÇA SE FAIT QUE T'ES IMPRÉGNÉ DE SA DÉLICIEUSE FRAGRANCE ?!
OUPS
EUH... DISONS QU'ELLE A ÉTÉ QUELQUE PEU...
SNIF SNIF
JE RECONNAIS SON PARFUM, À LA FOIS SAUVAGE ET RAFFINÉ...
LA LIVRAISON S'EST BIEN PASSÉE ! LA BARONNE ÉTAIT SATISFAITE !
ON DIRAIT QUE NOTRE P'TIT FORGERON S'EST DÉPUCELÉ AVEC UNE BARONNE !
톡
POK
HA HA HA
하하하
... FAMILIÈRE...
« FAMILIÈRE » ?! QU'EST-CE QUE T'ENTENDS PAR LÀ ?!

CROIS-MOI, LES FAUCHEURS, C'EST UNE AUTRE AFFAIRE QUE TON LOUVETEAU DE PACOTILLE !
MOUAIS, ENCORE FAUT-IL QU'ILS MONTRENT LE BOUT DE LEUR NEZ !
HIHI
HIHI
TIENS, TIENS, M'SIEUR « L'ÉGIDE DU VILLAGE » ! PAS TROP DURE, VOT' JOURNÉE ?!
PONK
HUM, HUM...
HWIT
두리번
MAÎTRE DARBIN !
BAAM

OUAIS, OUAIS, C'EST PAS TROP MAL...
CRII
CLONG 철컹
... J'IRAIS FAIRE EMPAILLER LE BESTIAU PAR ROBLE AVANT QU'IL TOURNE AUX MOUCHES !
BZZZ
BZZZ
MAIS À VOTRE PLACE...
CLONG
CLONG
HA ! 하
HA ! 하
HA ! 하

벌컥
GLOU
꿀꺽
꿀꺽
GLOU
GLOU
POUR VOUS, MON BRAVE CHASSEUR...
샤
BOBOM
BOBOM
방
꾹
ZIIP
Le père
컥
KEUF
SMACK

C'est là que j'suis entré en scène !
GRROOOW
J'en ai profité pour l'attaquer par surprise !
SHPAK
YEAH ! ON L'A EU !
BIEN JOUÉ, RAUST !
BAM
WOW ! 와~
BRAVO !
WOW ! 와~
TAC
JE LUI AI PLANTÉ MA HACHE EN PLEIN CŒUR !

Il a continué à tirer pour détourner son attention, mais...
FUUU
FUUU
FUUU
Alors, Pilin s'est lancé et lui a criblé le bras de flèches !
TCHAC
TCHAC
TCHAC
... le salaud avait la peau dure comme du chêne ! Du coup, ça l'a même pas chatouillé !
CRAC
TONK
TONK
ZAP
Et puis, comme si ça suffisait pas, il a esquivé sans peine la lance d'Hatal !
GRRR
WOUSH
YAAAH
HÉ ! C'EST PAR ICI QUE ÇA S'PASSE !
YAAHH

CRONCH
CRONCH
SCRITCH
Pendant qu'il graillait, on a mis au point une tactique pour l'avoir...
Mais cet enfoiré nous a flairés à ce moment-là !
KHUAAHHH
KRRR
FLIP
FLOUP

DANG
AVEC PILIN ET HATAL, ON FILAIT LE TRAIN D'UNE LAIE ET DE SES MARCASSINS...
CRONCH
CRONCH
QUAND TOUT À COUP, V'LÀ QU'UN WULVER A DÉBARQUÉ ET EN A FAIT SON CASSE-CROÛTE !

POK
툭
SHHH
샤아아
PSSS
NE BOUGEZ PAS D'ICI !
MAMAN, C'EST QUOI CES TRUCS QUI VOLENT ?
CE N'EST RIEN !
BAM
파샤샤샤
FSHHHH
POURQUOI ?
NE DISCUTE PAS !

MAMAN, QUAND EST-CE QU'ON LA REVERRA ?
시무룩
SNIF
벌떡
CHHH
TIENS DONC, ON PARLE BIEN DE TA GRANDE SŒUR, AVEC LAQUELLE TU TE CHAMAILLES SANS ARRÊT ?
ELLE ME MANQUE !
TONK
톡
폭
BOM

ILS SONT INTRÉPIDES ET INGÉNIEUX ! QUAND KALINA ET VALONIA ÉTAIENT JEUNES, CHASSER LE WULVER ÉTAIT UN JEU D'ENFANT POUR ELLES !
KALINA, LA MAMAN DE FOA ?
MAMAN, COMMENT ILS ONT BATTU CE MONSTRE, LES GARÇONS ?
OUI, ELLE EST À PRÉSENT UNE CHEVALERESSE D'EXCEPTION, EN TANT QU'ÉGIDE DE WALDGARTH !
ARRÊTE DE GIGOTER, FAVILLA !
Hirk !
ZAP
L'UN DES QUATRE ÉGIDES DE CAPITALE !
OUI !
HWIT
HWIT
ALORS FARA VA DEVENIR AUSSI FORTE QU'ELLE ?!
ELLE EN A BIEN L'INTENTION, EN TOUT CAS !

T'AS SACRÉMENT LAMBINÉ, DIS...
AH ! C'EST TOI, FOA !
TAP
QUI VA LÀ ?
B-BONSOIR !
HEUREUSEMENT POUR TOI, DARBIN DOIT ÊTRE TOUT GUILLERET EN CE MOMENT MÊME !
VOUS VOULEZ DIRE QU'IL EST EST À LA TAVERNE, MADAME AKMON ?
OUI, ILS SONT EN TRAIN D'Y FÊTER UNE PARTIE DE CHASSE...
ET JE T'AI DÉJÀ DIT D'ARRÊTER DE M'APPELER « MADAME » !
BON, ALORS J'Y VAIS !
MERCI BIEN, MADAME AKMON !
TU TE FICHES DE MOI ?!
DÉSOLÉ, MADAME AKMON !
GRRR

OUF... PLUS DE PEUR QUE DE MAL...
Y A QUELQU'UN ?
CRIII
TAGADA
TAGADA

WIIING
FRR
FRR FRR
BON, ASSEZ TRAÎNÉ !
TAGADA
TAGADA
FONCE, ASELLUS !
MAIS POURQUOI J'ARRIVE PAS À M'ÔTER CETTE IMAGE DE LA TÊTE ?
PFIOU
ZZT
QU'EST-CE QUE JE VAIS IMAGINER ?! ALMACE EST LÀ POUR NOUS PROTÉGER !
POK
POK
POK

TIENS, CE SERA LA PLEINE LUNE, CE SOIR...
따각
CATACLOP
따각
Ça m'éblouit !
MINCE, J'AI TROP TARDÉ ! MAÎTRE DARBIN VA ME TRANSFORMER EN RÔTI !
BIENVENUE !

D'UNE CERTAINE MANIÈRE, TOUT SE PASSERA COMME TU LE SOUHAITES...
V-VRAIMENT ?!
FRRT
MAIS QUI TE DIT QUE DEMAIN, TU CARESSERAS LES MÊMES AMBITIONS QU'AUJOURD'HUI ?
JE FORGERAI LES LAMES LES PLUS EXCEPTIONNELLES POUR QUE LES ÉGIDES PUISSENT PROTÉGER LE PEUPLE CONTRE LES FAUCHEURS !
!!
ZZZT
HMM

HEIN ?! IL FAIT DE LA TÉLÉPATHIE ?!
HWIT
Hm... Peut-être un « papy » qui pourrait t'apporter des réponses ?
CE PAPY DÉGAGE UNE TELLE AURA... QUI EST-IL ?
HMM
Hm... Voyons... Par exemple, des réponses qui concerneraient ton avenir...
VOUS AVEZ PARLÉ DE RÉPONSES ? MAIS DE QUEL GENRE ?
저벅
TAP
POURRIEZ-VOUS ME DIRE SI MES AMBITIONS SE CONCRÉTISERONT DANS LE FUTUR ?
QUOI, UN TÉLÉPATHE DOUBLÉ D'UN PROPHÈTE ?!

OH...!
WIIING

Académie des Sciences
DANG
CRIII
CLING
CLING
WAOUH ! C'EST ENCORE PLUS GRANDIOSE QUE CE QUE J'IMAGINAIS !
FCHUIT
두리번~
WAAOU
PFIOU

PETIT INSOLENT !
POF
꽁
POF
꽁
À PRÉSENT, RENTRE VITE CHEZ TOI...
MAIS TOUT ÇA, TU LE COMPRENDRAS BIEN ASSEZ TÔT, JEUNE HOMME...
콕
POK
... PENDANT QU'IL EN EST ENCORE TEMPS...
탁
TAP TAP TAP
탁
탁
SCRIC
끽

NE T'ADRESSE PAS À SON ALTESSE SANS AUTORISATION !
POF
AOUCH !
CES LAMES SONT DE PREMIÈRE QUALITÉ, VOUS POUVEZ ME CROIRE SUR PAROLE !
C'EST DONC TOI QUI VIENS ME LIVRER, CETTE FOIS ! VOILÀ QUI CHANGE DE CET EXCENTRIQUE...
TOUT VA BIEN, BARONNET. ALLEZ PLUTÔT DISTRIBUER LES ÉPÉES AUX OFFICIERS.
ZZT
MADAME, PUIS-JE VOUS POSER UNE QUESTION ?
MAIS OUI, JE T'EN PRIE !
MON MAÎTRE EST LE MEILLEUR FORGERON, ALORS POURQUOI LES ÉPÉES QU'IL CONÇOIT POUR VOS OFFICIERS S'ÉMOUSSENT-ELLES TOUJOURS SI VITE ?
OH ! EH BIEN... IL EXISTE CERTAINES FORCES EN CE MONDE QUI USENT EN UN RIEN DE TEMPS MÊME LES PLUS BEAUX OUVRAGES...
TAP
TAP

VOTRE MAJESTÉ, LES DEUX TRAÎTRES SONT INTROUVABLES EN SOTERIA...
ALORS ÉTENDEZ LES RECHERCHES AU-DELÀ DES FRONTIÈRES DE RIDGEROCK !
ÇA M'EST ÉGAL ! RETROUVEZ CES DEUX FÉLONS !
GRRR
MAIS, VOTRE MAJESTÉ, LE DANGER QUI RÈGNE EN ANTHRAKIA...
VOTRE ALTESSE, LES NOUVELLES ÉPÉES SONT LÀ...

L'ACADÉMIE DES SCIENCES... IL FAUT ABSOLUMENT QUE J'Y FASSE UN TOUR !
WOW !
C'est magnifique !
Château de Baradfort

룰루 ♪ ♪
LA LA LA 랄라
Ces monstres se gorgent de haine et de destruction, mais nos héros finissent par faucher la malédiction !
...
HALTE, GAMIN ! OÙ TU VAS COMME ÇA ?!
KH
CLING
HIRK !
AH ! BIEN SÛR ! CE BON VIEUX DARBIN, LE FORGERON ATTITRÉ DE SA MAJESTÉ ! TRÈS BIEN, TU PEUX Y ALLER !
J-J'AI UN STOCK D'ÉPÉES FORGÉES PAR LA MAISON AKMON...
ZZT
JE SUIS CHARGÉ DE LES LIVRER AUX OFFICIERS DE LA GARDE BARONNIALE...

달그닥
CATACLOP
달그닥
CATACLOP
달그닥
CATACLOP
Cité de Baradfort
Au crépuscule rougeoyant, ils sont là…
Point de retard pour sonner le glas !
Les braises ondoyantes
sont le premier signe !
Pauvres femmes,
qui pâtissent du second signe !
덜컹
TONK
덜컹
TONK

EUH... N-NON ! PAS DU TOUT !
히
HÉHÉ
TA PREMIÈRE LIVRAISON À M'DAME LA BARONNE, ME DIS PAS QUE TU L'AS OUBLIÉE, QUAND MÊME ?
MINCE !
ZZT
J'Y VAIS, MAÎTRE !
TAP TAP
TAP
...!
TILT
ATTENDS UN PEU, LÀ ! RASSURE-MOI, TU COMPTES PAS Y ALLER HABILLÉ AVEC CES FRUSQUES ?!

Chapitre 1

Le Prélude

La Moisson nocturne

ALORS QUE LE PEUPLE DE SOTERIA EST PLONGÉ DANS UN CLIMAT DE TERREUR, LE « REMPART DU SALUT » EST FONDÉ POUR FAIRE FACE À CES MASSACRES : CHACUN DES CHEVALIERS ÉGIDES QUI Y EST FORMÉ SE VOIT AFFECTÉ À LA PROTECTION D'UNE VILLE OU D'UN VILLAGE.
WHOOO

WHOOO
DEPUIS PRÈS D'UN SIÈCLE, LES FAUCHEURS APPARAISSENT AU CRÉPUSCULE PRÉCÉDANT CHAQUE PLEINE LUNE POUR PERPÉTRER UNE « MOISSON SANGLANTE », L'EXTERMINATION DE TOUS LES HABITANTS D'UNE VILLE OU D'UN VILLAGE CIBLÉ AU HASARD.
À LA NUIT TOMBÉE, LES RAMASSEURS APPARAISSENT À LEUR TOUR POUR S'EMPARER DES CADAVRES DE TOUTES LES VICTIMES, SANS QUE NUL N'EN SACHE LA RAISON.

WOUSH
TCHAC
FLIP
FLIP
SHLASH
TCHAC

EGREGOR
Le Souffle de la Foi
1

까악
CROA
까악
CROA
TAP
척
GLOU
GLOU
SHHHH
SHHHH